D1319882

Catalogage avant publication de Bibliothèque et Archives
nationales du Québec et Bibliothèque et Archives Canada

Lemelin, David-

   À table
   (Pôvre & Sale ; 1)
   Bandes dessinées.

   ISBN 978-2-89591-034-3

   I. Titre. II. Lemelin, David. Pôvre & Sale ; 1.

PN6734.A247L45 2007   741.5'971   C2007-940459-6

Tous droits réservés
Dépôts légaux : 1er trimestre 2007
Bibliothèque et Archives nationales du Québec
Bibliothèque et Archives Canada
ISBN 978-2-89591-030-5

© 2007 Les éditions FouLire inc.
4339, rue des Bécassines
Québec (Québec) G1G 1V5
CANADA
Téléphone : (418) 628-4029
Sans frais depuis l'Amérique du Nord : 1 877 628-4029
Télécopie : (418) 628-4801
info@foulire.com

Les éditions FouLire remercient la Société de développement des entreprises culturelles du Québec (SODEC)
pour son aide à l'édition et à la promotion.

Gouvernement du Québec – Programme de crédit d'impôt pour l'édition de livres – gestion SODEC.

Les éditions FouLire remercient également le Conseil des Arts du Canada de l'aide accordée à leur programme de publication.

IMPRIMÉ AU CANADA/PRINTED IN CANADA

Textes et dessins:
David Lemelin

À TABLE!

« Dieu a dit : il faut partager. Les riches auront
la nourriture, les pauvres de l'appétit. »

Coluche

« La dictature c'est « ferme ta gueule »,
la démocratie c'est « cause toujours ». »

Coluche

Merci à Stef, qui s'est occupée d'à peu près tout,
pendant que je planchais sur la BD.
Et merci à Yvon, du fond du cœur.
Il réalise un de mes rêves.
Il m'en reste quelques-uns…

À mes fils, Charlot et Filou.
Pour aiguiser votre sens critique,
car l'intelligence doit pouvoir triompher.

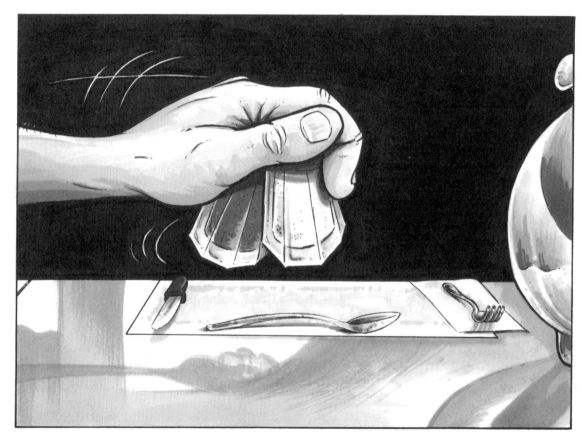

14

17

AAH! C'EST MALIN: DU **SEL** PARTOUT!

ÇA COMPTE PAS! T'AS SALÉ LA TABLE EN ENTIER!

MAIS PAS LA SOUPE, JE TE FERAI REMARQUER. J'AI GAGNÉ!

TRICHEUR!

JALOUX!

SOUMIS!

PFF!

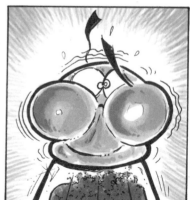

21

POURQUOI ON FAIT TOUT UN PLAT AVEC L'ÉNERGIE ÉOLIENNE ?

C'EST BEAUCOUP PLUS ÉCOLOGIQUE ...

ÉCOLOGIQUE, MON OEIL ! COMMENT ILS LIVRENT LES PIÈCES POUR FABRIQUER LES ÉOLIENNES, TU PENSES ?

EN CAMION...

ET CES CAMIONS, ILS FONCTIONNENT À L'AIR, JE SUPPOSE ?

L'ENTRETIEN, LES RÉPARATIONS... LES TRAVAILLEURS NE SE PROMÈNENT PAS EN TAPIS VOLANT !

C'EST RIEN À CÔTÉ DE CE QU'ON ÉVITE DE BRÛLER, GRÂCE À L'ÉOLIENNE ...

23

«DES *VIS*» HUMAINS

CLING! CLANG!

AH NON!

C'EST PAS VRAI...

FINALEMENT... T'AS PERDU LA TÊTE, À CE QUE JE VOIS!

LA FERME... LA FERME...

 **QUESTION DE SANTÉ**

PAS BON POUR LE COEUR, PAS BON POUR LE COEUR... LE SEL EST TRÈS BON POUR LE COEUR!

MAIS NON... C'EST LE POIVRE QUI EST BON POUR LA SANTÉ!

PFF! PAS DU TOUT. TU SAIS CE QUE SERAIT LA VIE, SANS SEL?

MOINS DE RÉTENTION D'EAU, MOINS DE PROBLÈMES CARDIAQUES...

MOINS DE PLAISIR, MOINS DE SAVEUR...

C'EST LE POIVRE, L'ÉPICE NOBLE!

28

29

LES BONS COMPTES

34

COMMENT RAPPROCHER LES RICHES ET LES PAUVRES, HEIN? LES PREMIERS SE RÉUNISSENT DANS DE GRANDS HÔTELS, LES SECONDS DANS LA RUE...

COMMENT VEUX-TU QUE LES RICHES SACHENT CE QUE VIVENT VRAIMENT LES PAUVRES? HEIN?

ILS LISENT LES JOURNAUX ...

JE MAINTIENS CE QUE JE DIS: LES RICHES NE DESCENDENT JAMAIS DANS LA RUE POUR SE RAPPROCHER DES PAUVRES...

OUI, MAIS TU LES VOIS, RÉUNIS AU MÊME ENDROIT? LE BORDEL, JE TE DIS!

MAIS NON ...

C'EST TOUJOURS LES PAUVRES QUI PROVOQUENT LES ÉMEUTES!

TU ES SCANDALEUX! CE SONT LES RICHES QUI CRÉENT CES TENSIONS!

N'IMPORTE QUOI! T'AS DÉJÀ VU UNE ÉMEUTE ENTRE RICHES?

39

 **COUP DE… MAIN?**

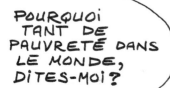 **PAUVRE PETIT MOI**

POURQUOI TANT DE PAUVRETÉ DANS LE MONDE, DITES-MOI?

ÇA YEST, ÇA LUI REPREND!

PLUS ÇA VA, PLUS L'ARGENT EST CONCENTRÉ ENTRE LES MAINS D'UN NOMBRE DE PLUS EN PLUS RESTREINT DE GENS. C'EST SCANDALEUX!

CALME-TOI! TU N'ES PLUS UNE POIVRIÈRE, T'ES DEVENUE UNE POUDRIÈRE, MA PAROLE!

45

CHOIX... POPULAIRE

PLAN D'URGENCE… ENCORE !

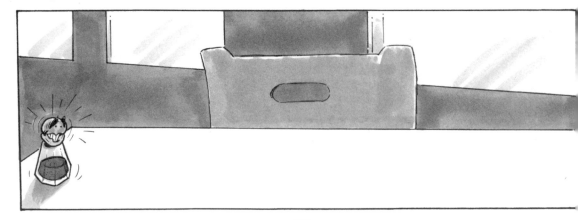

53

LE LEADERSHIP DANS LE SANG

LES GAZ À EFFET DE SERRE... PFF! DES HISTOIRES...

TU DIS DES SOTTISES! C'EST TRÈS DANGEREUX, LES GAZ À EFFET DE SERRE! ÇA CAUSE LE RÉCHAUFFEMENT CLIMATIQUE...

TIENS DONC...

C'EST VRAI! TOUS LES SCIENTIFIQUES LE DISENT!

AH OUI? LESQUELS?

BEN... CEUX-LÀ... EUH...

UN NOM?

BEN... GREENPEACE, MACHIN, TOUT ÇA...

JUSTE **UN** NOM?

61

TU SAIS…. J'AI RÉFLÉCHI AUX GAZ À EFFET DE SERRE…

OUAIS… L'ATMOSPHÈRE SE RÉCHAUFFE, PUISQUE TU ES LÀ !

TU DEVRAIS T'OPPOSER, TOI AUSSI, AU RÉCHAUFFEMENT CLIMATIQUE…

LA GLACE VA FONDRE, C'EST ÇA ?

EXACT ! ET NOUS N'AURONS PLUS BESOIN DE SEL DANS LES RUES !

VOILÀ !

MERDE… C'EST VRAI !

63

SITUATION-CHOC

ÇA VA, TANIA, C'EST UNE PANNE!
TU VOIS! PAS BESOIN DES TERRORISTES!
ON EST PLEINEMENT CAPABLES DE SE NUIRE À NOUS-MÊMES...
DÉPRIMANT...

UN POUR TOUS

68

POURQUOI LES AMÉRICAINS APPELLENT LEUR SPORT LE « **FOOT**BALL » ? LES JOUEURS TOUCHENT AU BALLON AVEC LEUR PIED QUELQUES SECONDES PAR MATCH ! C'EST IDIOT !!! CHEZ NOUS, EN EUROPE, LE FOOTBALL, C'EST LE **VRAI** FOOTBALL... AVEC LES PIEDS, PENDANT 90 MINUTES ! ILS DEVRAIENT L'APPELER TOUGH-BALL OU WAR-BALL OU JE SAIS PAS. ILS S'APPROPRIENT LA CULTURE DES AUTRES... C'EST HORRIBLE !

Jean Chef

LE CHEF, JEAN, A BIEN RAISON ...

C'EST-À-DIRE ?

LA CULTURE AMÉRICAINE S'IMPOSE... MAIS IL FAUT FAVORISER LA DIVERSITÉ CULTURELLE, C'EST VITAL !

VOYONS ! QUEL EST L'INTÉRÊT ?

L'INTÉRÊT ? MAIS, SANS CELA... COMMENT DIRAIS-JE ...

SANS DIVERSITÉ, NOUS SERIONS TOUS IDENTIQUES!

TU IMAGINES UNE VIE OÙ IL N'Y AURAIT QUE DU POIVRE? PAS DE SEL!

OÙ EST-CE QUE JE SIGNE? DIS-MOI! YA PAS UNE MANIF QUELQUE PART?

SUFFISAIT DE TROUVER L'ARGUMENT... VOILÀ TOUT!

POUR ADULTES, FILM 3… POIVRES!

72

LA BOURSE OU LA VIE

APPÉTIT SOLIDAIRE

PAIX AUX HOMMES DE BONNE VOLONTÉ

OUAH... JE TE JURE! JE SUIS ALLÉ RENDRE VISITE À DES AMIS, AUX ÉTATS-UNIS. À LEUR FAÇON DE ME REGARDER, ON AURAIT DIT QUE J'ÉTAIS UN TERRORISTE. C'EST PAS DRÔLE!

PAUVRE MANSOUR... QUELLE IRONIE! TOI QUI ES TELLEMENT PACIFISTE!

LEUR SURVEILLANCE ACCRUE AUX FRONTIÈRES, C'EST DE LA PARANOÏA, SI TU VEUX MON AVIS.

QUI ÇA?

LES GOUVERNEMENTS AMÉRICAIN, CANADIEN ET MEXICAIN; TOUS NE JURENT QUE PAR LA SÉCURITÉ DES FRONTIÈRES! COMME SI TOUT LE RESTE N'EXISTAIT PLUS: PAUVRETÉ, SOLIDARITÉ, ENVIRONNEMENT...

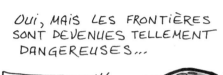

OUI, MAIS LES FRONTIÈRES SONT DEVENUES TELLEMENT DANGEREUSES...

COMME QUOI, PAR EXEMPLE?

BEN VOYONS!

ON LAISSE PASSER N'IMPORTE QUOI...

LE POIVRE!

SI J'AVAIS DES MAINS, JE T'ÉTRANGLERAIS...

SI J'AVAIS DES MAINS, JE M'APPLAUDIRAIS.

UNE SOUPAPE… ET VITE !

87

MALADIE CAPITALE

LES COMPAGNIES PHARMACEUTIQUES, ELLES FONT QUOI À PART DE L'ARGENT ?

C'EST DÉJÀ PAS MAL...

ELLES NE GUÉRISSENT PERSONNE; ELLES MAINTIENNENT EN VIE. JUSTE POUR QUE LES GENS PAIENT.

PARAÎT MÊME QU'ELLES METTENT DES VIRUS SUR LE MARCHÉ POUR VENDRE LE MÉDICAMENT CORRESPONDANT...

C'EST MALADE!!!

SNIF!

C'EST ÇA, LE BUSINESS...

89

LE SEL, ÇA, C'EST MAUVAIS AU GOÛT ET MAUVAIS POUR LA SANTÉ!

ET TOI, ON TE CONFOND AVEC LA POUSSIÈRE!

PFFFFFFF!

BRRLRLRLR!!!

FASCISTE!

RACISTE!

MOT DE L'AUTEUR

Nous sommes parfois noirs, parfois blancs.
Souvent gris. Le paradoxe nous habite...
Nos deux amis, Pôvre et Sale, l'ont observé.
Contrairement à d'habitude, ce sont eux
qui vont nous secouer ! Plus jamais vous ne
regarderez les salières et poivrières de la même
façon. Peut-être chuchoterez-vous, dorénavant,
à table, de peur qu'elles vous écoutent...